BEI GRIN MACHT SICH IHR WISSEN BEZAHLT

- Wir veröffentlichen Ihre Hausarbeit, Bachelor- und Masterarbeit

- Ihr eigenes eBook und Buch - weltweit in allen wichtigen Shops

- Verdienen Sie an jedem Verkauf

Jetzt bei www.GRIN.com hochladen und kostenlos publizieren

Martin Schädler

Entwicklung eines Full-Service Internet Konzepts am Beispiel eines Antiquitätenhändlers

GRIN Verlag

Bibliografische Information der Deutschen Nationalbibliothek:

Die Deutsche Bibliothek verzeichnet diese Publikation in der Deutschen National-
bibliografie; detaillierte bibliografische Daten sind im Internet über http://dnb.d-
nb.de/ abrufbar.

Dieses Werk sowie alle darin enthaltenen einzelnen Beiträge und Abbildungen
sind urheberrechtlich geschützt. Jede Verwertung, die nicht ausdrücklich vom
Urheberrechtsschutz zugelassen ist, bedarf der vorherigen Zustimmung des Verla-
ges. Das gilt insbesondere für Vervielfältigungen, Bearbeitungen, Übersetzungen,
Mikroverfilmungen, Auswertungen durch Datenbanken und für die Einspeicherung
und Verarbeitung in elektronische Systeme. Alle Rechte, auch die des auszugsweisen
Nachdrucks, der fotomechanischen Wiedergabe (einschließlich Mikrokopie) sowie
der Auswertung durch Datenbanken oder ähnliche Einrichtungen, vorbehalten.

Impressum:

Copyright © 2004 GRIN Verlag GmbH
Druck und Bindung: Books on Demand GmbH, Norderstedt Germany
ISBN: 978-3-638-65224-7

Dieses Buch bei GRIN:

http://www.grin.com/de/e-book/33182/entwicklung-eines-full-service-internet-
konzepts-am-beispiel-eines-antiquitaetenhaendlers

Entwicklung eines Full-Service Internet Konzepts für einen Antiquitätenhändler

Fallstudie zur Vorlesung Informationsmanagement

Institut für Wirtschaftsinformatik, Universität Leipzig

Autor: Martin Schaedler

Aufgabenstellung der Fallstudie

Herr A. betreibt ein größeres Antiquitätengeschäft in M. Um seinen Kundenservice zu verbessern (und so letztendlich einen höheren Gewinn zu erwirtschaften), zieht er die Einführung eines Internetserviceangebots in Betracht. Herr A. verfügt über keinerlei DV technische Kenntnisse und wendet sich an die Full-Service-IT-Beratung FS-IT GmbH, mit dem Auftrag, ein IT-Konzept (im Folgenden: Business Blue Print) für ein Internetserviceangebot zu erstellen.

Unter Berücksichtigung der gegebenen Rahmenbedingungen soll dieses Konzept insbesondere folgende Fragen beantworten:

- Welche Services sind sinnvoll?
- Wie sieht eine DV technisch optimale Lösung aus?
- Wo sind Einsparungen sinnvoll realisierbar?
- Wie ist die Rentabilität des Internetserviceangebots unter Berücksichtigung der Konzeptions-, Implementierungs- und Betriebskosten zu beurteilen?

Konzeptionelle Überlegungen stehen dabei gegenüber technischen Details im Vordergrund. Ziel der Beratung ist es, neben der Analyse der Vorüberlegungen von Herrn A. auch eigene, konzeptionelle Überlegungen einzubringen.

Bei der Konzeption des Internetserviceangebots sind die dargestellten Rahmenbedingungen, ggf. ergänzt um Annahmen des Beraters, zu berücksichtigen.

FS-IT GmbH

Internetkonzept für die Antiquitätenhandlung A.

Datum   10.12.2003

Version   1.0

Autor   Martin Schaedler, FS-IT GmbH

Inhalt

Abkürzungsverzeichnis 6

Abbildungsverzeichnis.. 7

1   Rahmenbedingungen 8

2   Business Blue Print.. 9

    2.1   Funktionales Konzept.. 9

        2.1.1   Website 9

        2.1.2   Angebotsfunktionalitäten.. 11

    2.2   Technisches Konzept 16

        2.2.1   IT Inftrastruktur 16

        2.2.2   Entwicklung des Internetserviceangebots........................... 16

        2.2.3   Hosting des Internetserviceangebots 18

    2.3   Empfehlung und Stufenkonzept... 21

3   Rentabilität... 22

    3.1   Budgetierung 23

    3.2   Rentabilitätsbetrachtung 24

4   Zusammenfassung... 26

Abkürzungsverzeichnis

bspw.	beispielsweise
CSV	Comma Separated Value
DSL	Digital Subscriber Line
eCommerce	Electronic Commerce
eMail	electronic Mail
etc.	et cetera
FTP	File Transfer Protocol
ggf.	gegebenenfalls
HTML	HyperText Markup Language
HTTP	Hypertext Transport Protocol
i.d.R.	in der Regel
i.Vgl.	im Vergleich
IT	Informationstechnologie
MBit	Megabit
MS	Microsoft
o.ä.	oder ähnliches
PHP	Personal HomePage
URL	Uniform Ressource Locator
usw.	und so weiter
WWW	World Wide Web
XML	eXtensible Markup Language
z.B.	zum Beispiel

Abbildungsverzeichnis

Bild 1: Wirtschaftliche Kennzahlen des Antiquitätenhandels 8

Bild 2: Site Map 9

Bild 3: Designvorschlag für den Internetauftritt...11

Bild 4: Artikeldarstellung im Katalog (einschl. Bestellfunktion)................................12

Bild 5: Realisierung von Struktur und Framekonzept in MS Frontpage................17

Bild 6: Integration eines Webshops (Bsp. Profi-Shop von 1&1)............................19

Bild 7: Integration eines Ebay Shops in die Website..20

Bild 8: Rentabilitätsrechnung für das Internetserviceangebot 25

Bild 9: Amortisation des Internetserviceangebots..26

1 Rahmenbedingungen

Herr A. betreibt einen florierenden Antiquitätenhandel, der monatlich rund 3.000 Artikel umsetzt. Im Tagesdurchschnitt (6 Tagewoche) werden somit ca. 125 Artikel eingekauft, verbucht, ausgezeichnet, eingelagert und wieder verkauft. Folgende Kennzahlentabelle beschreibt die wirtschaftliche Dimension des Antiquitätenhandels:

Kennzahl	pro Monat	pro Jahr
Umsatz	50.000,00 €	600.000,00 €
Gewinn	5.000,00 €	60.000,00 €
Durchschnittspreis / Artikel	16,67 €	16,67 €
Verkaufte Artikel	3.000	36.000

Bild 1: Wirtschaftliche Kennzahlen des Antiquitätenhandels

Herr A. verfügt, wie bereits erwähnt wurde, über keinerlei DV-technische Vorkenntnisse. Bis auf ein DV gestütztes Abrechnungssystem für den Ein- und Verkauf, einschließlich einer vereinfachten Artikelerfassung, betreibt Herr A. auch keine Aktivitäten in diesem Bereich. Das Abrechnungssystem läuft auf einem ca. 2 Jahre alten Standard PC mit Betriebssystem Windows und installiertem MS Office Professional Paket, der weder in ein Netzwerk eingebunden ist, noch über einen Internetanschluss verfügt. Daten können über eine Import- / Exportschnittstelle mit Wizard (vergleichbar mit Microsoft Excel) im CSV (Comma Separated Value) oder XML (eXtensible Markup Language) Format ins Abrechnungssystem importiert, bzw. daraus exportiert werden.

Für die Konzeption des Internetserviceangebots hat Herr A. bereits folgende Vorüberlegungen angestellt:

- Alle aktuell verfügbaren Artikel sind im Internet einsehbar.
- Artikel können online reserviert und im Laden abgeholt werden.
- Online bestellte Artikel werden durch den Laden versandt.

Diese Vorüberlegungen werden neben den wirtschaftlichen Rahmenbedingungen aufgegriffen, dem Business Blue Print (BBP) zugrunde gelegt und unter wirtschaftlichen, technischen und organisatorischen Aspekten bewertet.

2 Business Blue Print

Der nun folgende BBP gliedert sich in ein funktionales Konzept, das den Aufbau und die Funktionalität des Internetserviceangebots beschreibt und ein technisches Konzept, das die Implementierung bezüglich Internetanbindung, Webseitenentwicklung, Hosting und Betrieb beschreibt. Dabei werden gemäß Aufgabenstellung die dargestellten Rahmenbedingungen bezüglich Realisierbarkeit und Wirtschaftlichkeit berücksichtigt. Darüber hinaus fließen auch über die Vorüberlegungen von Herrn A. hinausgehende, funktionale Vorschläge der FS-IT GmbH in den BBP ein.

2.1 Funktionales Konzept

Da Herr A. bislang keinen Internetauftritt betreibt, muss zunächst ein Basiskonzept für den Internetauftritt erarbeitet werden, das sich in die Bereiche Website und Angebotsfunktionen gliedert. Die Angebotsfunktionen werden in den folgenden Kapiteln dargestellt.

2.1.1 Website

Das Basiskonzept des Internetauftritts beruht auf einer Site Map, welche die Struktur der zu erstellenden Webseiten darstellt. Dabei wurden sowohl allgemeine, als auch branchenspezifische Elemente, wie sie Mitbewerber anbieten[1], berücksichtigt.

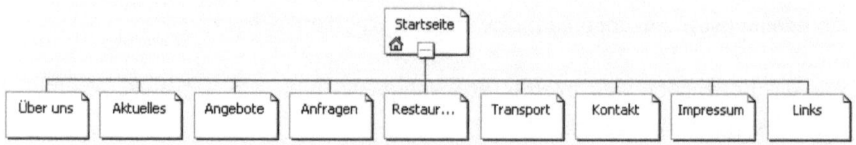

Bild 2: Site Map

---

[1] vgl. z.B. http://www.antik-truhe.de/

- Startseite: Willkommenstext, allgemeine Informationen, Schnäppchen der Woche.

- Über uns: Informationen über das Unternehmen und Geschäftstätigkeit, besondere Leistungsmerkmale, Auszeichnungen usw.

- Aktuelles: Spezielle Events, Messeauftritte, Sonderverkäufe usw.

- Angebote: Hierunter sind die Angebotsfunktionalitäten (vgl. 2.1.2 Angebotsfunktionalitäten) zu erreichen.

- Anfragen: Hier können Käufer- und Verkäuferanfragen abgegeben werden, z.B. wenn ein Besucher eine Antiquität an Herrn A. verkaufen will oder wenn ein potentieller Kunde anfragt, ob ein bestimmtes Objekt beschafft werden kann.

- Restauration: Informationen zur Restauration der Antiquitäten, spezielle Erfahrungen und Leistungen.

- Transport: Informationen zum Transport der Waren, z.B. Versandbedingungen und -kosten.

- Kontakt: Anschrift, Telefon-, Faxnummern, eMail Kontakte von Ansprechpartnern, Anfahrtsskizze etc.

- Impressum: Impressum (Pflichtbestandteil der Website) mit Informationen zum Herausgeber der Website, Haftungsausschluss usw.

- Links: Verlinkung auf interessante Seiten, z.B. auf themenspezifische Verbände, Organisationen, Portale usw.

Der folgende, in MS Frontpage realisierte Designvorschlag stellt die Einstiegsseite und Navigation dar:

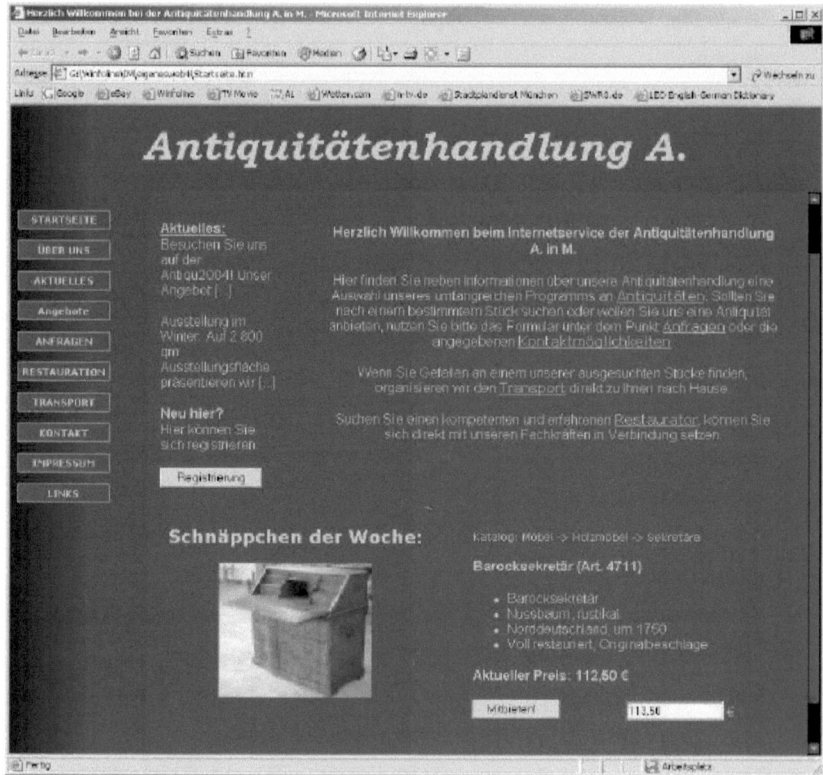

Bild 3: Designvorschlag für den Internetauftritt

2.1.2 Angebotsfunktionalitäten

Die Angebotsfunktionalitäten sind der Kern des Internetserviceangebots der Antiquitätenhandlung. Folgende Funktionalitäten sind unter Berücksichtigung der Vorüberlegungen von Herrn A. denkbar.

2.1.2.1 Katalogsystem

Herr A. stellt sich vor, dass alle Artikel im Internet mit Artikel- und Preisinformationen einsehbar sind. Zur strukturierten Erfassung und Darstellung solcher Informationen bietet sich ein Katalog- oder Shopsystem an, wie es heute als Standardsoftware erhältlich ist. Mit dessen Hilfe können Artikel erfasst und in einem einheitlichen Format im Web publiziert werden. Um einen Artikel aussagekräftig zu beschreiben, sind mindestens folgende Informationen notwendig:

Attribut	Bsp.
Artikel-ID	4711
Kategorie	02-01-04
Artikelbezeichnung	Barocksekretär
Material	Nussbaum, rustikal
Alter	um 1750
Herkunft	Norddeutschland
Weitere Artikelinformationen	Voll restauriert, Originalbeschläge
Image source	\...\4711.jpg
Preis	2.150 €

Die Darstellung im Web könnte so erfolgen:

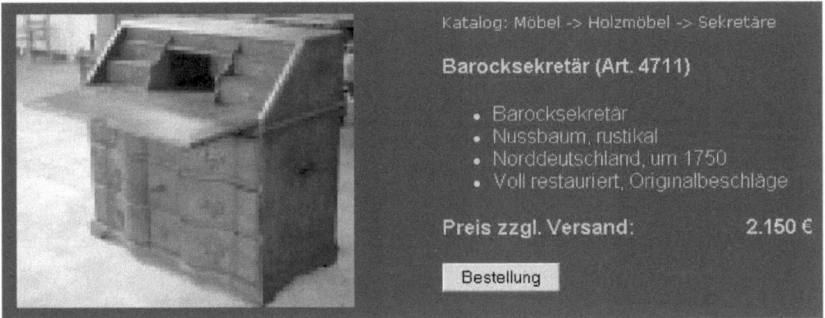

Bild 4: Artikeldarstellung im Katalog (einschl. Bestellfunktion)

Der Mehraufwand für die Internet gerechte Aufbereitung der Artikeldaten hängt entscheidend von deren Umfang ab. Der obige Datensatz stellt demnach den Minimalinhalt dar, der notwendig ist, um den Artikel aussagekräftig zu beschreiben. Eine Abbildung des Artikels wird dabei als Muss-Bestandteil erachtet.

Berücksichtigt man, dass Herr A. ca. 3.000 Artikel im Monat umschlägt und für die Erfassung durchschnittlich 10 Minuten pro Artikel (einschließlich Digitalfoto) benötigt werden, kann man von einem Personalaufwand von über 60 Manntagen ausgehen, was drei Vollzeitarbeitskräften entspricht. Um diese zusätzlichen Personalkosten i.H.v. ca. 9.000 € zu decken, müsste der Umsatz über die

Internetaktivitäten näherungsweise mindestens verdreifacht werden. Diese Annahme erscheint jedoch unrealistisch.

Da Herr A. alle Artikel in einem DV gestützten Abrechnungssystem erfasst, könnten diese Daten zur Artikelbeschreibung herangezogen und über eine der Schnittstellen als CSV- oder XML-Datei exportiert werden. Ggf. könnte eine Kopplung des Abrechnungssystems mit einer digitalen Kamera sinnvoll sein, so dass bei der Artikelerfassung ein entsprechendes Bild im Artikeldatensatz verbucht werden kann. Dadurch ließe sich der Mehraufwand für die Erstellung des Datensatzes erheblich minimieren.

Doch selbst wenn der Mehraufwand pro Artikel auf rund 3 Minuten verkürzt werden kann, ist mit einem Mehraufwand von nahezu einem Mannmonat zu rechnen. Demnach sollte kritisch hinterfragt werden, ob es wirtschaftlich ist, alle Artikel im Internet abzubilden oder ob bestimmte Artikel oder Artikelgruppen, die eher ungeeignet sind (z.B. weil sie schlecht zu beschreiben sind), auch nicht publiziert werden sollten. Denkbar wäre auch, für bestimmte, weniger nachgefragte oder werthaltige Artikelgruppen eine generische Beschreibung des Angebots („... große Anzahl ähnlicher Artikel am Lager...") zu publizieren. Solche Entscheidungen können nach einem zeitlich befristeten Pilotbetrieb getroffen und gegebenenfalls wieder revidiert werden. Die Entscheidungsfindung kann z.B. auf Basis einer Web-Statistik, die Anzahl und Art der Zugriffe auf Webseiten und Artikel darstellt, erfolgen.

2.1.2.2 Online Reservierungssystem

Die von Herrn A. in Betracht gezogene Online-Reservierung setzt auf der oben dargestellten Katalogfunktionalität auf. Zu jedem dargestellten Artikel würde dann eine Funktionalität angeboten, die eine Reservierung des Artikels ermöglicht. Nach Eingang der Reservierung muss der entsprechende Artikel zeitnah aus dem Verkauf genommen und zurückgelegt (oder zumindest gekennzeichnet) werden, um seinen Abverkauf zu verhindern.

Der über die Erfassung hinausgehende, zusätzliche Aufwand für die Reservierung steigt dabei proportional mit der Anzahl der übers Internet getätigten Reservierungen, nicht mit der Anzahl der erfassten Artikel. Wenn mittelfristig von einem Umsatzbeitrag der Internetaktivitäten im unteren bis mittleren zweistelligen Prozentbereich ausgegangen wird, können die Reservierungen höchstwahrscheinlich gerade noch vom bestehenden Personal abgearbeitet werden. Da im Gegenzug die im physischen Verkauf meist notwendigen Beratungsgespräche entfallen, kann ggf. davon ausgegangen werden, dass die Online Reservierung im Vergleich zum physischen Verkaufsprozess aufwandsneutral abgewickelt werden kann oder zumindest keine substantiellen Mehraufwände erzeugt.

Um rechtliche Unsicherheiten auszuschließen, sollte die Online Reservierung zwingend eine rechtsverbindliche Willenserklärung des Kunden gegenüber dem Antiquitätenhandel darstellen. Um dies sicherzustellen, muss der Kunde authentifiziert werden und die Allgemeinen Geschäftsbedingungen der Antiquitätenhandlung A. akzeptieren. Bei einer Bestellung könnte dies durch eine Vorauszahlung oder Angabe der Kreditkartennummer geschehen. Bei einer Reservierung können diese Zahlungsinstrumente nicht herangezogen werden, stattdessen muss sich der potentielle Kunde registrieren und authentifizieren. Die entsprechenden Funktionalitäten gehören heute zum Standard der meisten Internetshops. Da Kunden jedoch in der Regel nicht ausschließlich online authentifiziert werden können (wenn man von digitalen Signaturen einmal absieht), muss die Identität jedes neu registrierten Benutzers individuell abgeprüft werden, bspw. indem eine offline Authentifizierung über Telefon oder Fax (z.B. mittels Ausweiskopie) erfolgt. Dies würde jedoch zu unangemessen hohen personellen Aufwänden bei der Antiquitätenhandlung führen.

Wie der Vergleich einschlägiger Angebote gezeigt hat, gehören Reservierungsfunktionalitäten nicht zum Standard von Webshop Softwareprodukten. Sie müssten deshalb kundenspezifisch entwickelt und in eine bestehende Softwarelösung integriert werden, was aus Kostengründen als nicht ratsam erscheint.

2.1.2.3 Webshop

Herr A.s Vorstellung, einen Online Versand für Artikel anzubieten, zieht eine Reihe weiterer, funktionaler Überlegungen nach sich. Wenn ein Artikel versandt werden soll, ist davon auszugehen, dass vorher ein rechtsverbindlicher Kaufvertrag in Form einer Bestellung zustande gekommen sein muss.

Neben der Verbuchung der Bestellung muss eine Zahlungs- und eine Logistik-abwicklung (Versand) durchgeführt werden. Selbst wenn diese Funktionalitäten durch die Software des Internetshops unterstützt werden, fallen für die Zahlungs- und Logistikabwicklung erhebliche Aufwände an. Berücksichtigt man den durchschnittlichen Artikelpreis von 17,50 € mit einer Marge von durchschnittlich 1,75 € (10%) und die Tatsache, dass die Antiquitäten keine Regalwaren sind, sondern jeweils individuell verpackt und versandt werden müssen, erscheint es zweifelhaft, dass sich eine Online-Bestellfunktionalität für geringwertige Artikel betriebswirtschaftlich darstellen lässt. Ausnahmen hierzu könnten einfach zu versendende Bulkwaren, wie bspw. Silberringe, Schreibgeräte, Postkarten o.ä. sein.

Praktikabler und wirtschaftlich sinnvoller scheint es für die Antiquitätenhandlung zu sein, insbesondere hochwertige, ohne großen Aufwand zu versendende Artikel (Uhren, Spiegel und Bilder, Kleinmöbel o.ä.) selektiv im Online Verkauf anzubieten. Darüber hinaus sollte Herr A. überlegen, ob nicht ein Teil der Mehraufwände für den Versand dem Kunden in Rechnung gestellt werden können (z.B. über eine Versandkostenpauschale).

Eine Bestellfunktionalität ist im Gegensatz zur Reservierung eine Standardfunk-tionalität, die nahezu alle Produktkataloge und Webshops bieten. Sie ist i.d.R. an die Anforderungen der Antiquitätenhandlung (bzgl. Darstellung und Funktions-umfang) anpassbar. Eine kundenspezifische Entwicklung ist deshalb nicht notwendig.

Eine funktionale Alternative zur Online Bestellung könnte die Nutzung einer Auktionsfunktionalität sein, bei der die Antiquitätenhandlung Artikel meistbietend versteigern kann. Dies könnte bspw. sehr prominent über eine „Schnäppchen des Monats" Auktion auf der Startseite des Internetauftritts geschehen. Um zu verhindern, dass wenig nachgefragte Artikel weit unter Wert verkauft werden, bieten die meisten Auktionsfunktionalitäten die Festlegung eines Minimumstart-preises, der nicht unterschritten werden kann.

2.2 Technisches Konzept

Nach der oben erfolgten Analyse der möglichen Funktionalitäten und der Betrachtung von wirtschaftlichen und prozessualen Auswirkungen, wird nun ein geeignetes technisches Konzept erarbeitet.

Das technische Konzept beinhaltet die Herstellung einer Internetverbindung, die Entwicklung des Webauftritts und die Einbindung bzw. das Customizing der Angebotsfunktionalitäten einschließlich der Kommunikation mit dem Abrechnungssystem. Aufgrund der fehlenden DV technischen Kenntnisse werden Aufgaben, die entsprechende Kenntnisse erfordern, weitestgehend an einen externen Dienstleister ausgelagert.

2.2.1 IT Inftrastruktur

Voraussetzung für den Einstieg in den elektronischen Handel ist eine funktionierende Internetverbindung der Antiquitätenhandlung A. Idealerweise wird hierfür der vorhandene PC, auf dem das Abrechnungssystem läuft, mit einer 10/100 MBit Netzwerkkarte (für eine DSL Verbindung) bestückt.

Für die Internetanbindung erscheint ein DSL (Digital Subscriber Line) Anschluss ohne zeitliche Begrenzung (Flatrate) ratsam, da die Antiquitätenhandlung dadurch ohne Zusatzkosten ständig mit dem Internet verbunden ist und so schneller auf Kundenaktionen (eMails, Bestellungen) reagieren kann. Aus Kostengründen kann ein Tarif mit Volumenbegrenzung (z.B. 1 GB / Monat) gewählt werden. Der DSL Internetzugang wird über einen Internet Service Provider, wie bspw. T-Online, 1&1 oder Arcor,[2] hergestellt. Hierzu muss ein entsprechender Vertrag geschlossen werden, dessen Leistungsumfang i.d.R. die Lieferung der notwendigen DSL Hardware (DSL Splitter, Modem) beinhaltet.

2.2.2 Entwicklung des Internetserviceangebots

Zur Erstellung des Internetauftritts (exklusive Angebotsfunktionen) wird die bereits dargestellte Website Struktur im Detail definiert und in HTML realisiert. Der bereits realisierte Designvorschlag basiert auf einem sog. Framekonzept,

---

[2] http://www.t-online.de, http://www.1und1.de, http://www.arcor.de

das die Webseite in drei Bereiche aufteilt. Da die Frames separat geladen werden können, bieten sich mehr Variationsmöglichkeiten bei der Darstellung, z.B. die Anzeige einer navigationsabhängigen linken Menüleiste. Die Realisierung kann in MS Frontpage, einem einfach zu bedienenden Programm zur Erstellung von Webseiten, erfolgen. Da für die Aktualisierung der Webseiten keine HTML Kenntnisse erforderlich sind, könnte Herr A. (nach einem Training) perspektivisch die Pflege der Webseite in Teilen selbst übernehmen, z.B. im Bereich Aktuelles Texte auf den neuesten Stand bringen oder aktuelle Meldungen eingeben. Da Frontpage auch die Publikation der aktualisierten Webseiten quasi auf Knopfdruck erlaubt („Web veröffentlichen"), muss kein FTP Tool zum Upload auf den Webserver herangezogen werden.

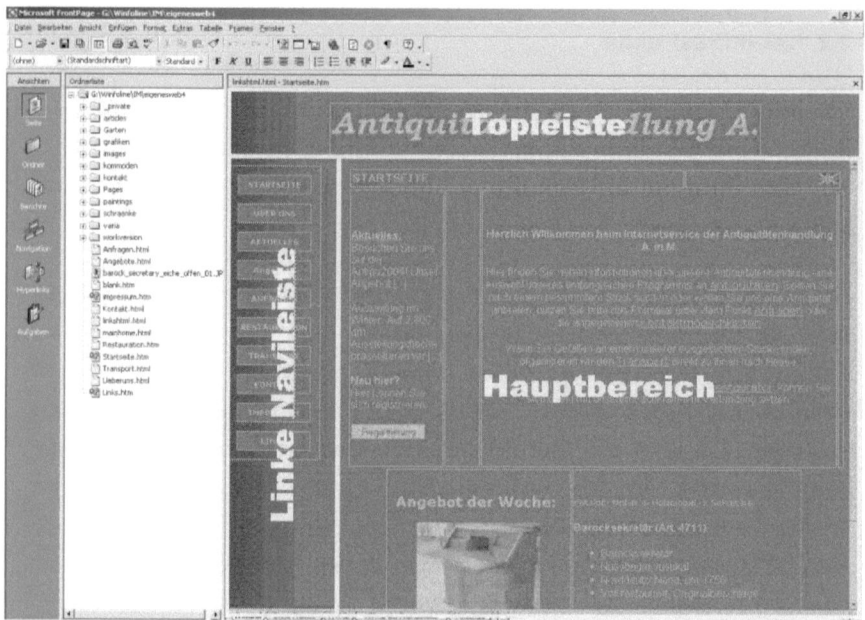

Bild 5: Realisierung von Struktur und Framekonzept in MS Frontpage

Um hohe Besucherzahlen (Traffic) zu erreichen, muss sichergestellt werden, dass die Website im Internet von Interessenten bspw. in Suchmaschinen, gefunden wird. Bei der Programmierung der HTML Seiten muss deshalb besonders darauf geachtet werden, dass die Metatags, die Suchrobotern die Identifikation und Indexierung der Webseiten ermöglichen, sinnvoll definiert werden. Darüber hinaus empfiehlt sich ein manueller Eintrag in diverse Suchmaschinen wie Google oder Kataloge wie Yahoo!,[3] durch professionelle Dienstleister.[4]

```
<meta name="keywords" content="Antiquitäten, antik, antike,Möbel, Möbelrestauration, Möbel nach Mass, Schränke, Tische,
Vertiko, Uhr, Uhren, Standuhr, Sessel, Service, Regal, Luis-Philippe, Louis-Seize,
Gründerzeit, Biedermeier, Barock, Empire, Klassizismus, Rokkoko, Lampen, Lampe, Porzellan, Silber, Besteck">
<meta name="description" content="Herzlich Willkommen bei der Antiquitätenhandlung A. in M.">
<meta http-equiv="Content-Type" content="text/html; charset=iso-8859-1"><link rel="stylesheet" href="Pages/versuch.css"
```

Bild 5: Beispielhaftes Metatag der HTML Seite

Die Angebotsfunktionen werden nicht eigenentwickelt, da hierfür ein unangemessen hoher Entwicklungsaufwand anfallen würde. Stattdessen wird auf Standardwebshops, wie sie nahezu alle Hostingprovider anbieten, zurückgegriffen. Diese Standardwebshops können ohne großen Aufwand visuell und technisch in die Website der Antiquitätenhandlung integriert werden.

2.2.3 Hosting des Internetserviceangebots

Um die HTML Seiten im Internet zu publizieren, müssen diese von einem Webserver unter einer bestimmten URL (Uniform Ressource Locator) abgerufen werden können.

Diese URL setzt eine Domain voraus, unter der das Webangebot im Internet erreicht werden kann. Folgende Alternativen für eine deutsche Domain sind noch verfügbar und können für die Antiquitätenhandlung reserviert werden:

www.antiquitaeten-a.de
www.antiquitaetenhandlung-a.de

Vom Setup und Betrieb eines eigenen Webservers wird abgeraten, da Herr A. nicht über die notwendigen Administrationskenntnisse verfügt. Stattdessen bietet sich die Auswahl eines Hosting Providers an, der die gesamte Infrastruktur bereitstellt und den professionellen Betrieb mit hoher Verfügbarkeit sicherstellt.

Viele dieser Hosting Provider bieten neben dem Hosting der Webseiten auch eine Reihe von Zusatzfunktionalitäten an, z.B. Kataloge und Webshops mit

---

[3] http://www.google.de, http://www.yahoo.de
[4] vgl. für eine Übersicht: http://www.mainseek.de/eintrag-Suchmaschine.html

integrierter Zahlungsabwicklung. Darüber hinaus kann die Reservierung der oben genannten Domain(s) beim Abschluss eines Hosting Vertrags über diesen Hosting Provider erfolgen.

Die Webshop- oder Katalogfunktionalität, die der Hosting Provider bereitstellt, kann vollständig in die Website der Antiquitätenhandlung A. integriert werden, wie folgendes Beispiel eines Webshops des Anbieters 1&1 zeigt:

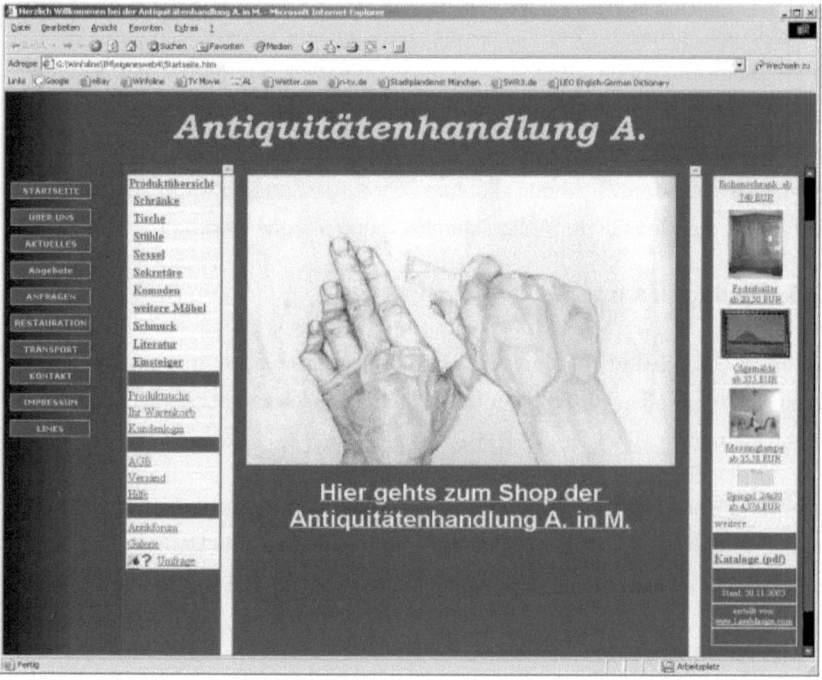

Bild 6: Integration eines Webshops (Bsp. Profi-Shop von 1&1)

Mit einem Standard Webshop, wie ihn 1&1 anbietet, [5] können die funktionalen Anforderungen von Herrn A. (Katalog, Webshop) abgedeckt werden, wenn man von der Reservierungsfunktionalität absieht. Ab dem Premium-Shop Angebot sind online Zahlungsabwicklung und Versandkostenberechnung integriert. Darüber hinaus ermöglichen alle Webshop Angebote von 1&1 den Im- und Export von Kunden-, Artikel- und Zahlungsdaten im CSV Format. Dies

---

[5] vgl. http://hosting.1und1.de/shops

ermöglicht einen medienbruchfreien Datenaustausch zwischen Abrechnungssystem und Webshop.

Alternativ zu einem eigenen Webshop könnte sich für die Antiquitätenhandlung
der Verkauf über den Online Marktplatz Ebay[6] in einem eigenen Ebay Webshop
anbieten. Dabei stehen als Angebotsformen Festpreisverkäufe und Auktionen
(mit oder ohne Startpreis) zur Verfügung. Ein reiner Produktkatalog oder eine
Reservierungsfunktionalität bietet Ebay jedoch nicht. Ein Ebay Shop lässt sich in
den Internetauftritt der Antiquitätenhandlung integrieren, indem er bspw. über
den Angebote Link im linken Frame aufgerufen und im inneren Frame dargestellt
wird:

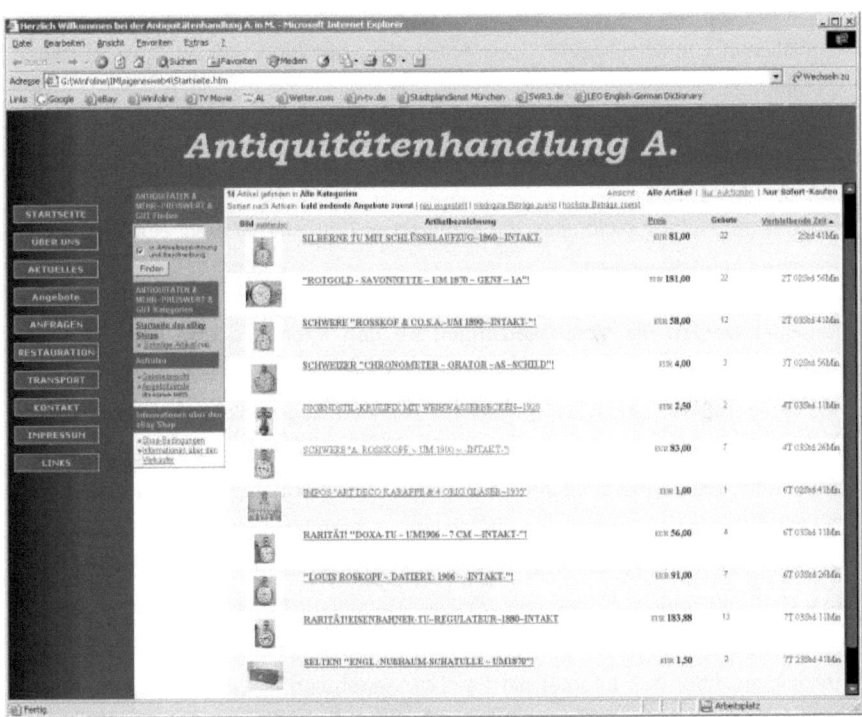

Bild 7: Integration eines Ebay Shops in die Website

---

[6] http://www.ebay.de

Ebay Shops, in denen professionelle Anbieter wie Herr A. ihr Angebot den Ebay Nutzern präsentieren können, sind ohne Setupkosten und ohne fixe monatliche Gebühr einzurichten, so dass die für einen eigenen Webshop beim Hosting Provider anfallenden Kosten eingespart werden können. Darüber hinaus bietet Ebay diverse Zusatzfunktionalitäten, z.B. Importschnittstellen für CSV Dateien, Zahlungs- und Transportabwicklung, Benutzerregistrierung und –rating und Treuhanddienstleistungen. Ein weiterer Vorteil dieses Szenarios ist die Integration in den Online Marktplatz (Suchmaschine, Kategorien), der über mehrere Millionen registrierter Benutzer verfügt und somit eine hohe Reichweite garantiert. Nachteilig ist die geringe Anpassungsfähigkeit hinsichtlich Layout und Funktionalität zu bewerten. Darüber hinaus fallen transaktionsabhängige Gebühren an, die bei etwa 5% des Verkaufspreises liegen. Bei einer durchschnittlichen Umsatzrentabilität der Antiquitätenhandlung von ca. 10% ist dies ein relativ hoher Kostenblock!

2.3 Empfehlung und Stufenkonzept

Nach eingehender funktionaler und technischer Betrachtung erscheint folgendes Vorgehen empfehlenswert.

Zunächst werden die Voraussetzungen für den Internetzugang (vgl. 2.2.1 IT Infrastruktur) geschaffen und die HTML Seiten realisiert. Zeitgleich wird ein Hostingvertrag mit einem der genannten Anbieter abgeschlossen. Dieser sollte einen FTP Zugriff (für den Upload der Webseiten aus MS Frontpage) ermöglichen und Skriptunterstützung (z.B. PHP für Formularfunktionalitäten und Cookies) bieten. Auf einen eigenen Webshop beim Hosting Provider sollte aus Kostengründen zunächst verzichtet werden. Stattdessen registriert sich die Antiquitätenhandlung A. auf dem Online Marktplatz Ebay und eröffnet einen Ebay Shop. Hier kann Herr A. erste Erfahrungen mit dem Verkauf von Antiquitäten über das Internet mit Festpreisangeboten und Auktionen sammeln und sein Angebot einer großen Menge von potentiellen Kunden präsentieren. Insbesondere letzteres ist ein nicht zu unterschätzender Vorteil für ein im Internet noch unbekanntes Unternehmen. Um das Einstellen von Artikeln zu erleichtern, wird das Softwaretool Turbolister genutzt, das ein Einlesen von Daten im CSV Format und den Upload des Angebots auf den Marktplatz erlaubt. Bezüglich der Artikelauswahl sollten die bereits dargestellten wirtschaftlichen

Rahmenbedingungen berücksichtigt werden. Das Anbieten aller im Geschäft verfügbaren 3.000 Artikel / Monat ist keineswegs ratsam. Gegebenenfalls sollte Herr A. darüber hinaus überlegen, ob nicht Aufwände, die durch den Online Verkauf anfallen, bspw. in Form einer erhöhten Versandkostenpauschale an den Kunden durchgereicht werden können. Diese Praxis ist auf Ebay durchaus üblich.

Findet das Internetangebot eine breite Akzeptanz auf dem Marktplatz und generiert eine kritische Masse an Stammkunden, kann zusätzlich oder alternativ zum Ebay Angebot ein eigener Webshop bei einem der genannten Hosting Provider eröffnet werden. Wenn ein Einstiegspreis für einen einfachen Webshop (einschließlich Website) von etwa 20 € / Monat zugrunde gelegt wird, könnte sich dies im Vergleich zum Ebay Tarif bereits ab ca. 400 € Umsatz / Monat rechnen. Um die Reichweite des eigenen Webshops zu steigern bzw. i.Vgl. zum Ebay Shop mindestens zu halten, sollte die Antiquitätenhandlung auf die bereits erwähnten Eintragungsservices in Suchmaschinen und Katalogen zurückgreifen. Ansonsten besteht die Gefahr, dass das Internetangebot der Antiquitätenhandlung A. von potentiellen Kunden im Internet nicht gefunden wird.

3 Rentabilität

Zur Rentabilitätsberechnung müssen zunächst die Kosten, ergänzt um plausible Annahmen, geschätzt werden. Die folgende Kalkulation schließt den im Rahmen dieser Konzeption (BBP) angefallenen Beratungsaufwand von sechs Manntagen ein.

3.1 Budgetierung

Arbeitspakete	Aufwand (MT)	Kosten (€)
Vorstudie (Business Blue Brint)	**6**	**4500**
Konzeption	**1,5**	**1125**
Fertigstellung des Website Konzepts *(Diskussion und ggf. Modifikation des Konzepts mit Herrn A.)*	0,5	375
Fertigstellung des Website Designs *(Anpassung des Designs nach Wünschen vor Herrn A.)*	1	750
Realisierung Phase I („Ebay Webshop"):	**6,5**	**4875**
Herstellen der Internetanbindung *(Abschluß eines DSL Vertrags, Setup DSL Verbindung, Hard- und Software)*	0,5	375
Hostingvertrag *(Auswahl und Abschluß, Domainregistrierung)*	0,5	375
Erstellung der Webseiten *(0,5 MT / Seite für Programmierung und Optimierung)*	5	3750
Setup eines Ebay Webshops *Registierung, Customizing und Einbettung in die Website*	0,5	375
Realisierung Phase II („Eigener Webshop"):	**2**	**1500**
Setup eines eigenen Shops *(Setup, Customizing, Einbindung in Website)*	2	1500

Training (Phase I // II)	3,5	2625

Benutzerdokumentation	1	750
(Erstellung von Schulungsunterlagen)		
Training on the Job	2,5	1875
(5 Halbtagsschulungen in den ersten 2,5 Monaten)		

Initialkosten (Hard- / Software)	550

Softwarelizenz MS Frontpage	250
Netzwerkkarte und -kabel	50
DSL Equipment (Splitter, Modem)	150
Sonstiges	100

Gesamtaufwand	15175

Betriebsaufwand / Monat	65

DSL Anschluß	30
Hosting Gebühr Website	10
Zusätzliche Hosting Gebühr Katalog	10
Sonstiges	15

3.2 Rentabilitätsbetrachtung

Die folgende Kalkulation soll auf Basis der budgetierten Kosten und plausibler Annahmen ermitteln, wann sich das Internetserviceangebot für Herrn A. rechnet.

Das oben kalkulierte Budget für die Errichtung eines Webauftritts mit Angebots-funktionen entspricht etwa dem dreifachen des monatlichen Betriebsgewinns und kann somit aus der aktuellen Geschäftstätigkeit der Antiquitätenhandlung A. finanziert werden. Finanzierungskosten sind somit nicht zu berücksichtigen. Unter kaufmännischen Aspekten ist davon auszugehen, dass Herr A. die

Ertragskraft seines Unternehmens durch das Internetserviceangebot steigern will, indem zusätzlicher Umsatz und somit zusätzlicher Gewinn erzielt wird. Für die Umsatzzahlen des Internetverkaufs werden Erfahrungswerte zugrunde gelegt.

Um den Einfluss (nicht vorliegender) Beschaffungs-, Lagerhaltungs- und Personalkosten auszuschließen, wird angenommen, dass sich die Margen des Internetverkaufs äquivalent zum physischen Abverkauf verhalten (10% vom Umsatz). Aus dieser Perspektive muss der zusätzliche Gewinn aus dem Internetverkauf die zusätzlichen Kosten des Internetserviceangebots decken. Um die verhältnismäßig hohen Ebay Gebühren zu umgehen, wird bei Erreichung eines kritischen Umsatzes nach 6 Monaten auf einen eigenen Webshop umgestellt, hierfür fallen die entsprechenden Setupkosten für Phase II an.

Position \ Monat	1	2	3	4	5	6	7	8	9	10	11	12
Zus. Artikel (St./Mon.)	0	150	300	450	600	900	1200	1500	1800	2100	2400	2700
Zus. Artikel (St. kum.)	0	150	450	900	1500	2400	3600	5100	6900	9000	11400	14100
Zus. Umsatz (€ / Mon.)	0	2500	5000	7500	10000	15000	20000	25000	30000	35000	40000	45000
Zus. Umsatz (€ kum.)	0	2500	7500	15000	25000	40000	60000	85000	115000	150000	190000	235000
Zus. Gewinn (€ / Mon.)	0	250	500	750	1000	1500	2000	2500	3000	3500	4000	4500
Zus. Gewinn (€ kum.)	0	250	750	1500	2500	4000	6000	8500	11500	15000	19000	23500
5% Ebay (€ / Mon.)	0	125	250	375	500	750	0	0	0	0	0	0
5% Ebay (€ kum.)	0	125	375	750	1250	2000	2000	2000	2000	2000	2000	2000
Setup, Betrieb (€ / Mon.)	13675	55	55	55	55	2315	65	65	65	65	65	65
Setup, Betrieb (€ kum.)	13675	13730	13785	13840	13895	16210	16275	16340	16405	16470	16535	16600
Gesamtkosten (€ / Mon.)	13675	180	305	430	555	3065	65	65	65	65	65	65
Gesamtkosten (€ kum.)	13675	13855	14160	14590	15145	18210	18275	18340	18405	18470	18535	18600
Reingewinn (€ / Mon.)	-13675	70	195	320	445	-1565	1935	2435	2935	3435	3935	4435
Reingewinn (€ kum.)	-13675	-13605	-13410	-13090	-12645	-14210	-12275	-9840	-6905	-3470	465	4900

Bild 8: Rentabilitätsbetrachtung für das Internetserviceangebot

Nach dieser Berechnung ist davon auszugehen, dass sich das Internetservice-angebot der Antiquitätenhandlung nach ca. 11 Monaten betriebswirtschaftlich rechnet:

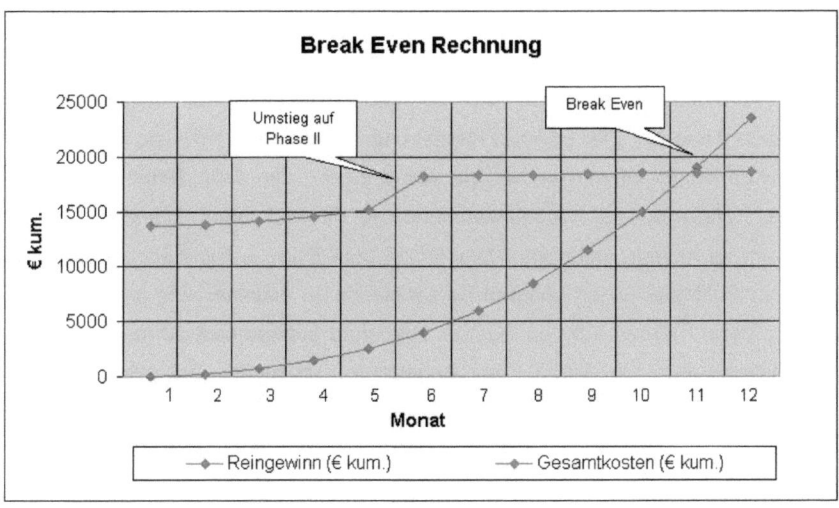

Bild 9: Break Even Rechnung

4 Zusammenfassung

Da die Antiquitätenhandlung bislang keinerlei Internetaktivitäten betreibt, muss zunächst eine Webpräsenz entwickelt und implementiert werden. Die Konzeption und Erstellung von aussagekräftigen, professionellen Webseiten wird als Grundvoraussetzung für einen erfolgreichen und repräsentativen Internetauftritt betrachtet, erzeugt aber auch den höchsten Kostenblock. Eine ernstzunehmende Alternative hierzu existiert jedoch nicht, da entsprechende Gratisangebote (z.B. eigene Homepage bei Ebay[7]) kaum Funktionalitäten bieten und nur geringe Designanpassungen ermöglichen.

Die Einbindung der Handelsfunktionalitäten über einen Ebay Shop oder einen eigenen Webshop beim Hosting Provider erzeugen dann nur noch unwesentliche Mehrkosten. Hierbei wird ein zweistufiger Ansatz empfohlen, der es Herrn A. ermöglicht, zunächst ohne fixe Kostenbasis Artikel über den Online Marktplatz Ebay zu vertreiben. Bei einer durchschnittlichen, transaktionsabhängigen Gebühr von 5% würde sich der Umstieg auf einen eigenen Webshop rein rechnerisch schon ab einem zusätzlichen Umsatz von ca. 400 € lohnen.

---

[7] http://members.ebay.de/aw-cgi/eBayISAPI.dll?AboutMeLogin&ssPageName=STRK:STMP:116

Da die Reichweite des Internetauftritts der Antiquitätenhandlung am Anfang relativ gering ist, besteht jedoch die Gefahr, dass das Angebot im Netz nicht von potentiellen Kunden gefunden wird. Deshalb wird empfohlen, mindestens ein halbes Jahr intensiv über Ebay zu handeln, um so eine ausreichende Anzahl von Ebay Kunden in Stammkunden zu konvertieren, die dann direkt über den eigenen Webshop der Antiquitätenhandlung A. einkaufen. Darüber hinaus erscheint es ratsam, stetig attraktive Artikel über Ebay anzubieten, zum einen, um über Auktionen einen höheren Verkaufserlös zu erzielen, zum anderen, um ständig neue Kunden auf den eigenen Webshop aufmerksam zu machen, z.B. über Hinweise im jeweiligen Ebay Angebot ("... besuchen Sie auch unseren Webshop...") und in der eMail Kommunikation mit Ebay Kunden.